ACADÉMIE DES BEAUX-ARTS.

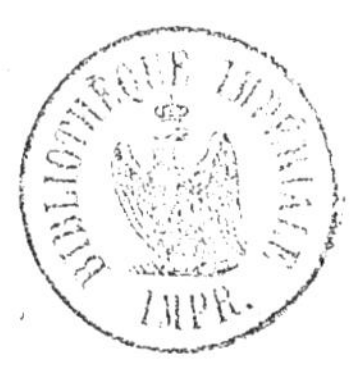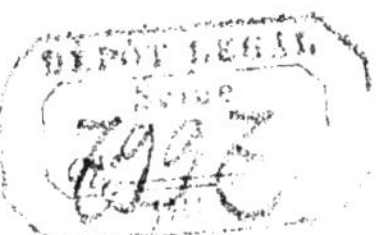

NOTICE

SUR

M. PICOT

PAR M. PILS

Lue en séance ordinaire le 24 juillet 1869.

MESSIEURS,

Mon maître n'est pas mort pour moi, et, quoique admis ici à l'honneur de lui succéder, au moment de tracer une esquisse de sa vie, je crois encore être assis sur le banc de l'école, ou plutôt sur la sellette, et le voir en face, sur ce fauteuil, plus vivant que moi, écoutant, pesant et jugeant mes paroles. Que l'Académie veuille donc me pardonner si, intimidé, fasciné par cette présence réelle, je ne puis, contre l'usage, parler de mon cher maître qu'en joignant à son nom, comme je le fis pendant toute ma jeunesse, le titre de *Monsieur*.

Étant son élève, je me sens incapable de juger son talent. Attiré vers lui par la sympathie, accoutumé au respect, à la déférence pour ses leçons, sous l'impression ineffaçable de l'affection qu'il m'a toujours témoignée, je vois ses travaux à travers ces sensations filiales qui ne laissent point de place à la critique. D'ailleurs, les œuvres ne sont véritablement bien jugées que par la postérité. Les lois morales comme les lois physiques sont soumises aux mêmes règles. Pour bien apprécier l'ensemble et l'harmonie d'un monument, ne doit-on pas s'en éloigner? De même pour les œuvres de l'intelligence, il n'appartient qu'au temps de dire le dernier mot. Je me bornerai donc à raconter le peu que je sais d'une vie bien simple, vouée tout entière au culte du grand art, qu'il pratiqua et dont il communiqua l'amour à une partie de la génération nouvelle.

Né à Paris le 26 octobre 1786, dans une famille honorable et parvenue à l'aisance par le travail, la Révolution, qui le trouva dans l'enfance, ne paraît avoir eu aucune influence sur sa destinée et n'avoir laissé qu'une bien faible trace dans son souvenir. Sa vocation pour la peinture se révéla de bonne heure et ne fut nullement contrariée par ses parents, ce qui n'implique pas à mon avis, pour ceux qui arrivent au talent, un degré inférieur de mérite; peut-être est-ce le contraire, peut-être faut-il plus d'énergie et de passion pour travailler lorsque tant de raisons militent pour le plaisir et vous y entraînent. Pendant la jeunesse, les tentations sont sans nombre; des démons de toute espèce vous disent : « Allons, viens, tu travailleras demain. » Le pauvre ne peut les suivre parce qu'ils sont aussi ruineux que charmants, tandis que le travail, en même temps qu'il est sa seule ressource, est encore son plaisir le plus économique. Qu'ils sont peu nombreux, ceux qui, avec de la fortune, des désirs et de la vocation même, arrivent à avoir du talent! M. Picot était de ce petit nombre.

Dès l'âge de quatorze ans, nous le voyons reçu à l'École des beaux-arts, comme élève de MM. Mérimée et Vincent. Il fut admis au concours des grands prix de 1809, 1811, 1812 et 1813. En 1812, il obtint le deuxième grand prix; le sujet de son tableau était : *Lycurgue présentant aux Lacédémoniens l'héritier du trône.* Ce fut Abel de Pujol qui obtint le premier prix cette année. En 1813, l'Académie décerna deux grands prix qui furent remportés par MM. Forestier et Picot. Tous deux devaient aller à Rome; mais, comme il n'y avait qu'une place vacante à l'Académie, et comme Forestier avait eu le premier prix, le ministre fit à M. Picot la pension nécessaire pour s'y rendre également. De retour en 1818, il exposa l'année suivante deux tableaux qui établirent tout de suite et d'une manière brillante sa réputation ; ce furent la *Mort de Saphira*, qui orna longtemps l'église Saint-Séverin, et l'*Amour et Psyché;* ce dernier tableau surtout, composition charmante qui rappelle l'antique par la pureté du dessin, la simplicité et le charme de l'exécution, eut, au dire de tous ses contemporains, un succès immense, et resta comme le cachet de son talent. On l'appela pendant toute sa vie le peintre de l'*Amour et Psyché*. Beaucoup d'artistes ont résumé ainsi tout leur génie dans une œuvre, et, quels que soient leurs progrès nouveaux dans l'art et le mérite de leurs ouvrages postérieurs, rien ne parvient à effacer dans le public ce premier chant d'enthousiasme; c'est toujours l'âme qui le donne ; mais, il faut l'avouer, le présent est plus beau quand elle est jeune.

Ce tableau fut acheté par le duc d'Orléans. Ayant souffert lors de l'envahissement du Palais-Royal en 1848, il fut restauré par M. Picot lui-même, et fait partie aujourd'hui de la galerie du comte Lemarrois à Paris ; il a été gravé par Burdet.

Au salon de 1822, on vit de lui tableaux : *Oreste endormi dans les bras de sa sœur Électre après ses fureurs* (ce tableau fut placé longtemps au Luxembourg) ; *Raphaël et la Fornarina*, tableau de petite dimension qui a fait partie de la galerie du comte de Schœnbrunn, qui fut racheté en 1847 par M. Henri Lepaute, neveu de M. Picot, et qui a été gravé par Garnier ; le portrait du duc d'Orléans, depuis le roi Louis-Philippe, et de sa famille, tableau malheureusement brûlé, en 1848, avec le château de Neuilly ; le portrait de Talma, qui orne le foyer des acteurs de la Comédie française, et enfin un portrait d'homme.

En 1824, M. Picot exposa *Céphale cherchant à rendre Procris à la vie ;* une *Délivrance de saint Pierre* commandée à Léon Pallière, son ami, qui venait de mourir et dont il fut chargé de terminer l'œuvre ; puis un tableau représentant le duc d'Angoulême à Chiclana, commandé pour la fête offerte par la ville de Paris à l'armée d'Espagne. M. Picot fut nommé chevalier de la Légion d'honneur, et figura à ce titre dans le beau tableau de Heim qui représente la distribution des récompenses de 1824.

A l'exposition de 1827, qui eut lieu sous le règne de Charles X, il eut deux tableaux : l'*Annonciation* et *Sainte Geneviève faisant vœu de chasteté*, et deux portraits. Il termina cette même année son plafond des galeries égyptiennes du Louvre, peinture lumineuse qui semble éclairer

la salle. Il avait pris pour sujet *l'Étude et le Génie dévoilant
l'Égypte à la Grèce ;* ce plafond, qui produisit une sensation
heureuse parmi les artistes et le public, lui valut la commande
pour l'une des chambres qui renferment les antiquités de
Pompéi et d'Herculanum et où il représenta Cybèle cachant
dans ses flancs ces malheureuses cités et les garantissant
d'une destruction complète contre les atteintes du volcan.
Ce travail fut terminé en 1834. En 1835 il fit un grand plafond allégorique pour le musée de Versailles, outre des
tableaux et des portraits que je n'énumérerai pas ici en dé-
tail, et des peintures décoratives pour des hôtels particuliers.
Il exposa pour la dernière fois au salon de 1839 ; il avait re-
présenté une scène de la peste de Florence.

Le goût, à cette époque, avait complétement changé ; Gros
n'était plus ; une critique malveillante avait profondément
affecté ce caractère si élevé et si sensible et avait été la cause
de la triste fin du plus grand des élèves de David. Delaroche
et Delacroix se partagèrent le public alors. Ingres, qui fut
presque contesté avec son *Saint Symphorien* dont le succès
fut dépassé par celui de *Jane Grey* exposée la même année,
se retira des salons. Les anciens maîtres étaient donc complétement répudiés, et c'est à quelques hommes fermement
convaincus qui s'étaient remis à l'enseignement, comme
MM. Picot, Drolling et Cogniet, que l'on doit la conservation
du feu sacré des hautes études classiques et du culte de l'art.
Malgré l'inconstance de l'opinion, ils n'en continuèrent pas
moins à prêcher leur foi. Ingres, qui avait fermé son
école, continuait à enseigner par l'exemple, et de temps à
autre on était admis à aller admirer dans son atelier quelques
nouveaux chefs-d'œuvre, et, loin des salons, loin de la grosse

foule, il reconquit et affermit d'une manière durable sa gloire.

Les années qui suivirent ne furent pas stériles non plus chez M. Picot : il peignit à Notre-Dame de Lorette le bel hémicycle représentant le couronnement de la Vierge, au bas duquel nous eûmes la douleur d'entourer son cercueil, puis une chapelle à l'église Saint-Denis du Saint-Sacrement, *Jésus et les disciples d'Emmaüs* et le *Baptéme de Jésus*. En 1842, il fut chargé de faire un grand plafond pour l'Hôtel-de-Ville de Paris.

Nous arrivons à la fin de sa longue et belle carrière d'artiste, et c'est ici que trouve sa place l'épisode de l'église de Saint-Vincent de Paul qui fait autant d'honneur au caractère de M. Picot qu'à son talent.

En 1847, il avait été chargé par la ville de Paris de la décoration entière de ce monument ; il avait déjà fini ses compositions lorsqu'éclata la révolution de 1848. La préfecture de la Seine ayant été complétement désorganisée, l'administration nouvelle donna derechef le même travail à H. Flandrin ; mais, lorsque le nouveau fonctionnaire qui avait le titre de maire de Paris, M. Armand Marrast, apprit ce fait et eut dûment constaté que le travail appartenait déjà à M. Picot, il le lui rendit complétement, et ce fut M. Picot qui offrit à Flandrin, pour diminuer la grandeur de sa déception, de lui céder la moitié de cette décoration, qu'ils partagèrent alors entre eux de la manière la plus courtoise. Hâtons-nous d'ajouter que tous deux en étaient également dignes, et que Flandrin y gagna son entrée à l'Institut. L'inauguration de ces peintures se fit en grande pompe le dimanche 24 juillet 1853. Cette peinture, qui fut la dernière œuvre de M. Picot, n'annonçait chez le maître aucune défaillance, quoiqu'il fût âgé alors de près de soixante-dix ans. Mais, sentant que sa main et ses yeux devenaient des instruments infidèles de son esprit resté intact, il déposa les pinceaux ; toutefois il ne reposa que sa main, par l'enseignement il resta actif jusqu'au dernier jour.

A l'exemple de beaucoup d'artistes et de poëtes, M. Picot vécut seul ; leur idéal dans l'art en recèle souvent un autre qui est l'âme de leur talent ; ils vivent ainsi longtemps dans un demi-rêve, et, lorsqu'ils s'éveillent, il est souvent trop tard pour prendre part à la vie réelle. Nul cœur pourtant ne fut plus affectueux que le sien ; comme chez certains apôtres privés des joies intimes de la famille, la bonté de son âme s'épanchait sur tous Les hommes dans cette situation semblent prédestinés à l'enseignement, pour lequel ils montrent souvent une aptitude particulière ; sous une forme ou sous une autre, ils manifestent le besoin d'aimer et de se rendre utiles aux générations futures. M. Picot s'absorbait dans cette tâche. Ses leçons, sans que la flamme en fût apparente, nous pénétraient profondément ; ce n'était pas sans anxiété que nous attendions le premier et le dernier mot, et c'était en tremblant que nous lui faisions voir nos premiers essais de tableaux : son appréciation très-laconique nous impressionnait plus que n'auraient pu le faire de longs et véhéments discours. Il ne prenait jamais le crayon ni le pinceau, arrêté, comme dans la parole, par la crainte de ne pouvoir s'exprimer complétement. Il laissait deviner et faisait réfléchir ; c'est pourquoi ses leçons, plutôt théoriques que pratiques, n'imposaient aucune exécution particulière, laissant à ses élèves une plus grande latitude d'interprétation. Loin de moi l'idée de préconiser cette réserve comme la seule voie à suivre dans l'enseignement, et de nier les résultats qu'on peut obtenir par une parole chaleureuse et en s'emparant des instruments du travail, en corrigeant *unguibus et rostro :* mais il est certain qu'il y faut une infaillibilité instantanée, une hardiesse plus grande, un coup d'œil plus prompt et une main plus sûre que pour son propre travail. Vous n'avez pas, comme dans votre atelier, le temps de la réflexion et du repentir. Ensuite, comme la critique est immédiate, l'élève derrière vous veut voir dans chaque trait de votre crayon un coup de maître, et, devenant à son tour juge de votre correction, il vérifie à loisir, après votre départ, si elle est irréprochable, et, s'il y découvre des erreurs, sa foi en vous est entamée.

En cela, comme en ses ouvrages, chacun obéit à son tempérament ; je veux constater seulement que mon cher maître était excellent professeur, tout en étant sobre de paroles et sans démonstrations manuelles.

Il obtint aussi de bons résultats en établissant, dans son atelier, de même que cela se pratiquait dans l'atelier de son ami M. Cogniet, un système de concours préparatoires de l'École des beaux-arts. Tous les mois on réunissait les figures peintes et les esquisses. On choisissait les cinq meilleures des unes et des autres pour un jugement final qui avait lieu tous les trois mois ; la meilleure figure des quinze et la meilleure composition obtenaient une médaille d'argent qu'il avait fait frapper dans ce but. Les œuvres récompensées, exposées dans l'atelier, formaient un petit musée intéressant pour les anciens et pour les nouveaux et un excitant pour l'émulation. Le jury était composé du maître et de cinq élèves

parmi ceux qui n'avaient rien au concours. En cas de par-
tage des voix, le maître avait double vote. Si j'insiste, Messieurs, sur ces détails un peu minutieux, c'est qu'ils pourront
peut-être un jour servir de renseignement à ceux qui vou-
dront connaître les systèmes d'études pratiqués à notre époque. Nous regrettons bien souvent de ne pas connaître suf-
fisamment les modes d'enseignement usités chez les anciens,
et des recherches sur ce sujet seraient, je crois, un travail
très-profitable à l'art et digne de la sollicitude de l'Académie.

M. Picot eut aussi le bonheur de conduire un nombre re-
lativement considérable de ses élèves jusqu'au prix de Rome,
qui était à ses yeux le couronnement de leurs études et pour
lui la plus belle récompense de ses efforts. Sa générosité al-
lait toujours au-devant de celui qui ne pouvait pas payer
les frais de ses études.

Ses travaux et ses leçons portent donc tous l'empreinte de
la tradition la plus élevée, et il était de ceux qui sacrifient
tout pour sauver le palladium et le transmettre intact à
leurs descendants. Doué d'un esprit trop large pour ne pas
reconnaître le talent dans des voies très-diverses, ce n'était
pas, cependant, sans un très-grand chagrin qu'il voyait
quelques artistes s'écartant de l'idéal être bien accueillis
du public. Il regrettait une perversion du goût. L'abandon
de la recherche du beau dans l'art était toujours, selon lui,
un signe de décadence, et en cela, je pense, il ne trouvait pas
ici de contradicteurs. C'est pourquoi son enseignement, sans
être aussi absolu que celui d'autres maîtres, ne permettait
jamais de perdre de vue les beaux modèles. L'enseignement,
en effet, ne doit-il pas toujours rester classique ? Avec cet ap-

provisionnement d'études saines et solides on peut courir les aventures d'explorations nouvelles, et, réussissant ou non à faire quelque découverte, on ne tombera jamais aussi bas que ceux qui n'ont pour tout bagage, avec l'ardeur, que l'ignorance. Rubens lui-même, l'artiste le mieux doué, le plus fougueux, le plus indépendant, a éprouvé le besoin de se mettre pendant quelque temps à l'école des grands maîtres classiques de Rome, et l'on en sent la trace dans toutes ses œuvres.

Je ne terminerai pas, Messieurs, cette notice, très courte non parce que je n'aurais pas davantage à dire, mais parce que, n'ayant pas l'habitude d'écrire, je craindrais de fatiguer l'Académie ; je ne veux pas la terminer, dis-je, sans ajouter quelques mots encore sur le caractère de mon cher maître ; caractère bien exceptionnel, il me semble, chez les artistes : il n'avait ni orgueil ni vanité, il ne parlait jamais de lui ni de ses œuvres ; cette âme si honnêtement née, si sincèrement bonne et si instinctivement digne, n'avait besoin d'aucune espèce de masque extérieur pour se faire respecter. Il ne parlait même pas volontiers d'art et prenait presque en pitié les discoureurs sur cette matière ; son amour pour l'art était tellement profond que les mots, comme je l'ai déjà dit, lui semblaient impuissants pour l'exprimer, et toute expression insuffisante lui paraissait une profanation ; comme, de la divinité elle-même, on ne pouvait, selon lui, connaître que quelques attributs : mais c'était folie que de vouloir pénétrer le mystère profond de son essence.

Je ne vous apprendrai rien en vous disant avec quel zèle il remplissait tous les devoirs que lui imposaient l'Académie et les innombrables commissions dont il faisait partie.

C'est au milieu de ces soins qu'il s'est éteint, presque sans maladie, le 15 mars 1868.

Cette illustre Compagnie gardera le souvenir de sa personnalité sympathique, et le maître restera vivant et toujours aimé dans le cœur de ses nombreux élèves tant que l'un d'eux survivra. Ses travaux, et surtout sa gracieuse composition de *l'Amour et Psyché*, transmettront son nom aux générations futures.

LISTE DES OUVRAGES DE M. PICOT.

1819 La Mort de Saphira. — L'Amour et Psyché.

1822. Oreste après ses fureurs s'endort dans les bras d'Électre. — Raphaël et la Fornarina. — Saint Jean baptisant le Christ. — Portrait de Talma. — Portrait de Paul, artiste de Feydeau. — Portrait du duc d'Orléans et de sa famille.

1824. Céphale et Procris. — Portrait de Madame Lepaute. — Le duc d'Angoulême à Chiclana.

1827. L'Annonciation. — Sainte Geneviève faisant vœu de chasteté.

1834. Portrait de M. Piron.

1835. Le maréchal de Boucicaut.

1838. La Prise de Calais.

TRAVAUX DANS LES MONUMENTS.

1827. L'Étude et le Génie dévoilant l'Égypte à la Grèce, plafond du Louvre.

1834. Les Villes du Vésuve demandant protection à Cybèle contre les éruptions du volcan.

1835. Plusieurs compositions allégoriques au plafond de la salle de 1830, à Versailles, ainsi qu'aux plafonds de la grande galerie des Batailles. Le Couronnement de la Vierge à Notre-Dame-de-Lorette.

1842. Le plafond du grand salon à l'hôtel de ville de Paris.

1847. L'hémicycle de Saint-Vincent de Paul. — Les Disciples d'Emmaüs à Saint-Denis du Saint-Sacrement.

1824. Chevalier de la Légion d'honneur.

1836. Membre de l'Institut.

1852. Officier de la Légion d'honneur.

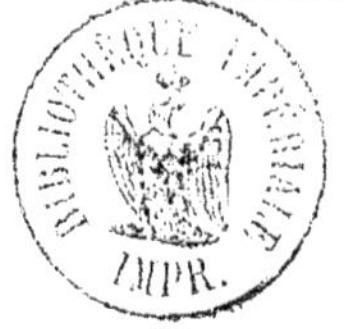

Paris — Typographie de Firmin Didot frères, imprimeurs de l'Institut, rue Jacob, 56.

www.ingramcontent.com/pod-product-compliance
Ingram Content Group UK Ltd.
Pitfield, Milton Keynes, MK11 3LW, UK
UKHW022259070726
13613UKWH00005B/2388